This Book Belongs To:

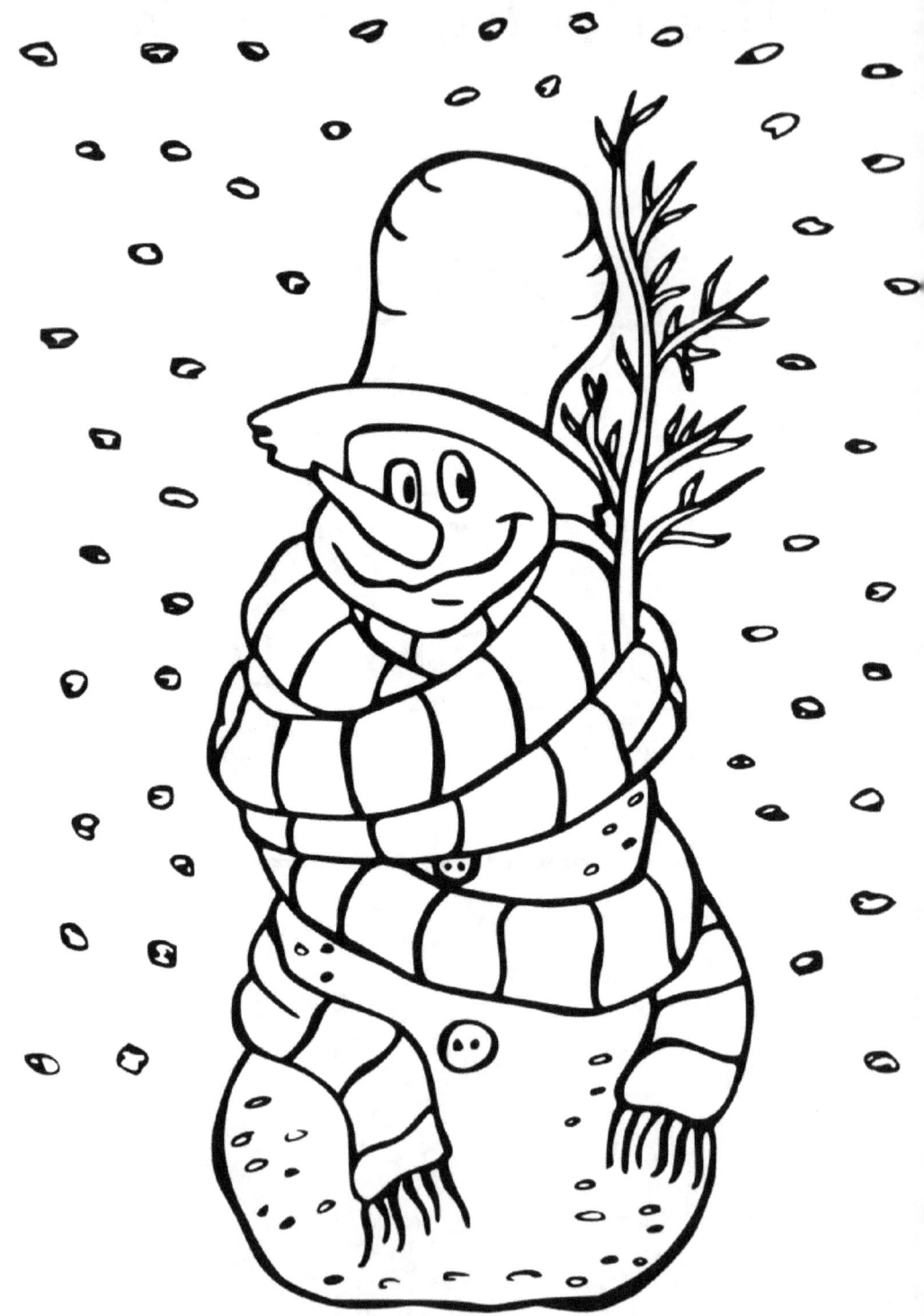

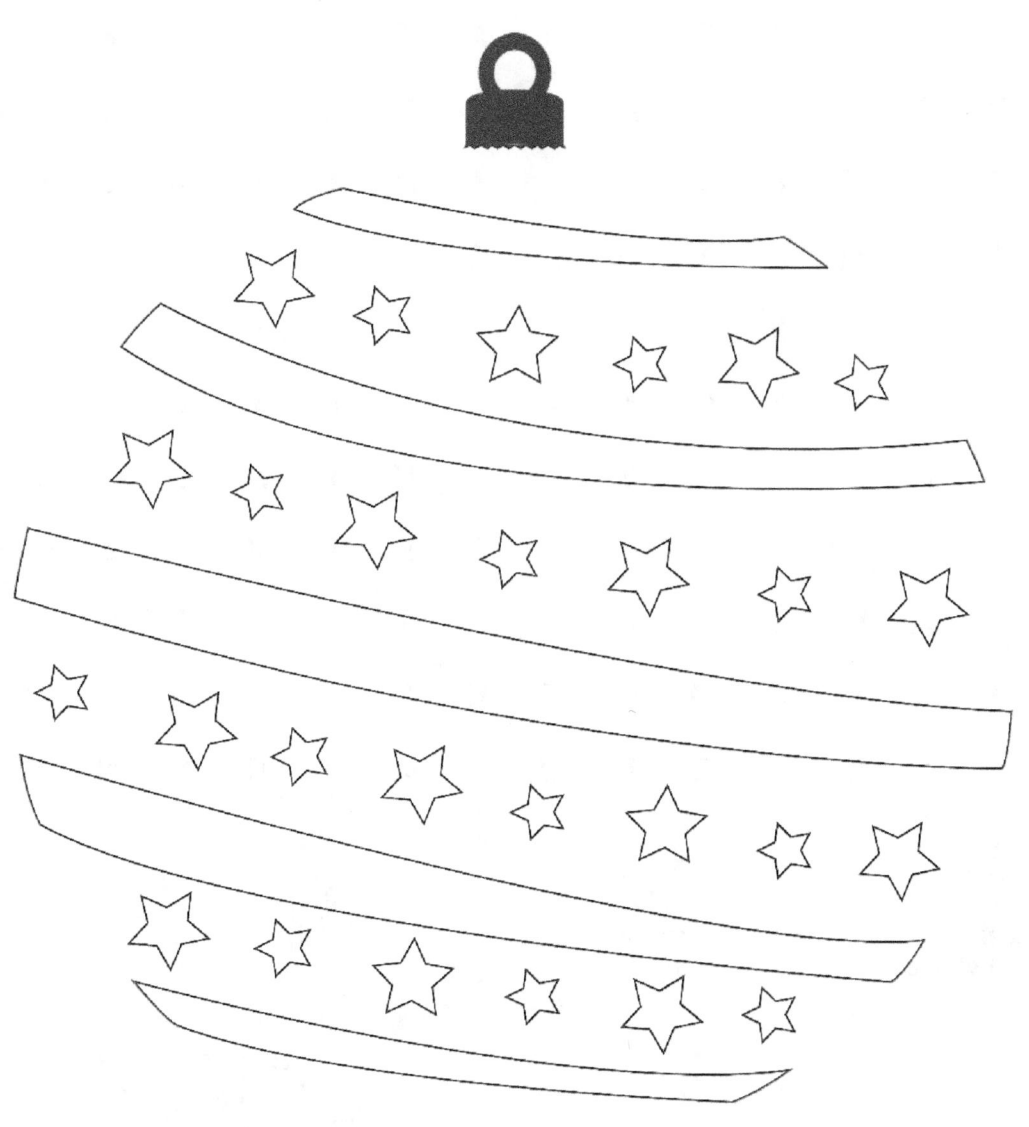

```
O S N O W F L A K E X E U S
N C A S W S O I L K O A E N
V O R N X Z E X X Z X F R F
C I E F T V O W F Z J I F D
H O L L Y A V F R N P U Q T
R P F B Q C L J O L L Y J O
I G Q O N D F G S B I D X C
S Q K Y L B L I T Z E N O A
T C R S Q K I F Y K N I A A
M B E L L S G T U F H I Q F
A N G E L S H S H L V J Z B
S A W I V G T O T Q U J C C
J R M G O N S K G A F D D U
E C J H Z E Q M W Y R S N H
```

angels   bells   blitzen
christmas   frosty   gifts
holly   jolly   lights
noel   santa   sleigh
snowflake   star

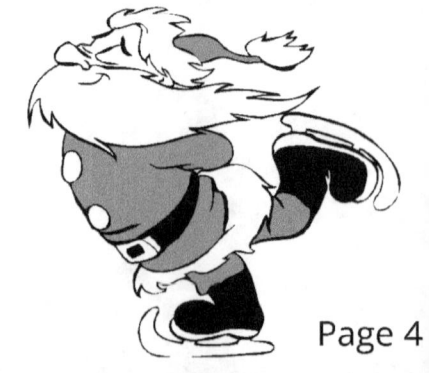

CONNECT THE DOTS

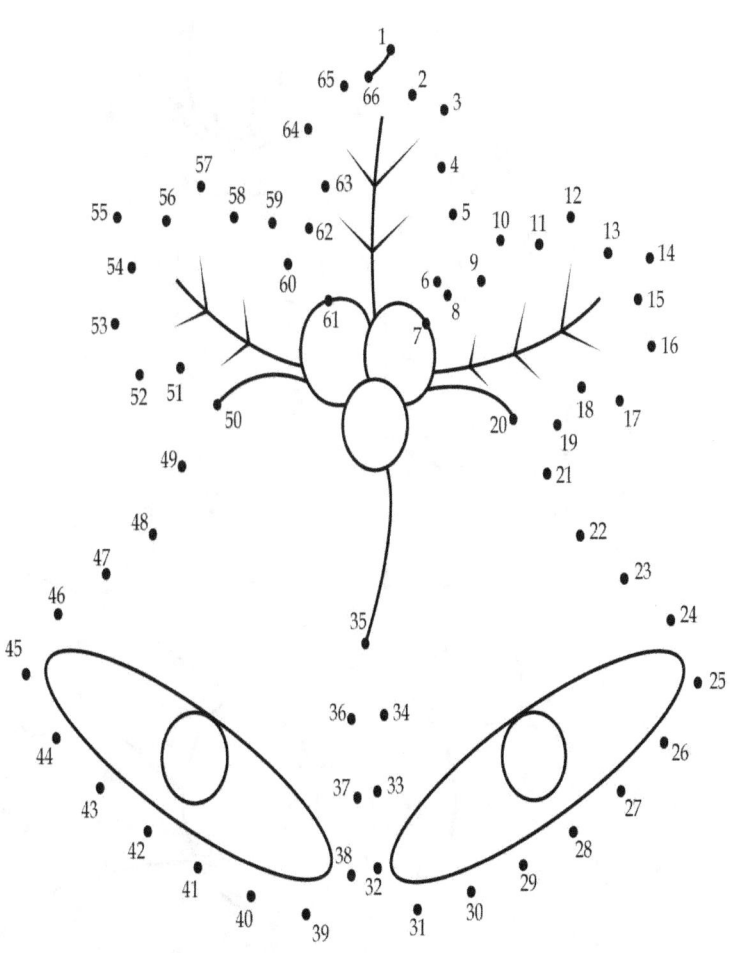

Page 5

CONNECT THE DOTS

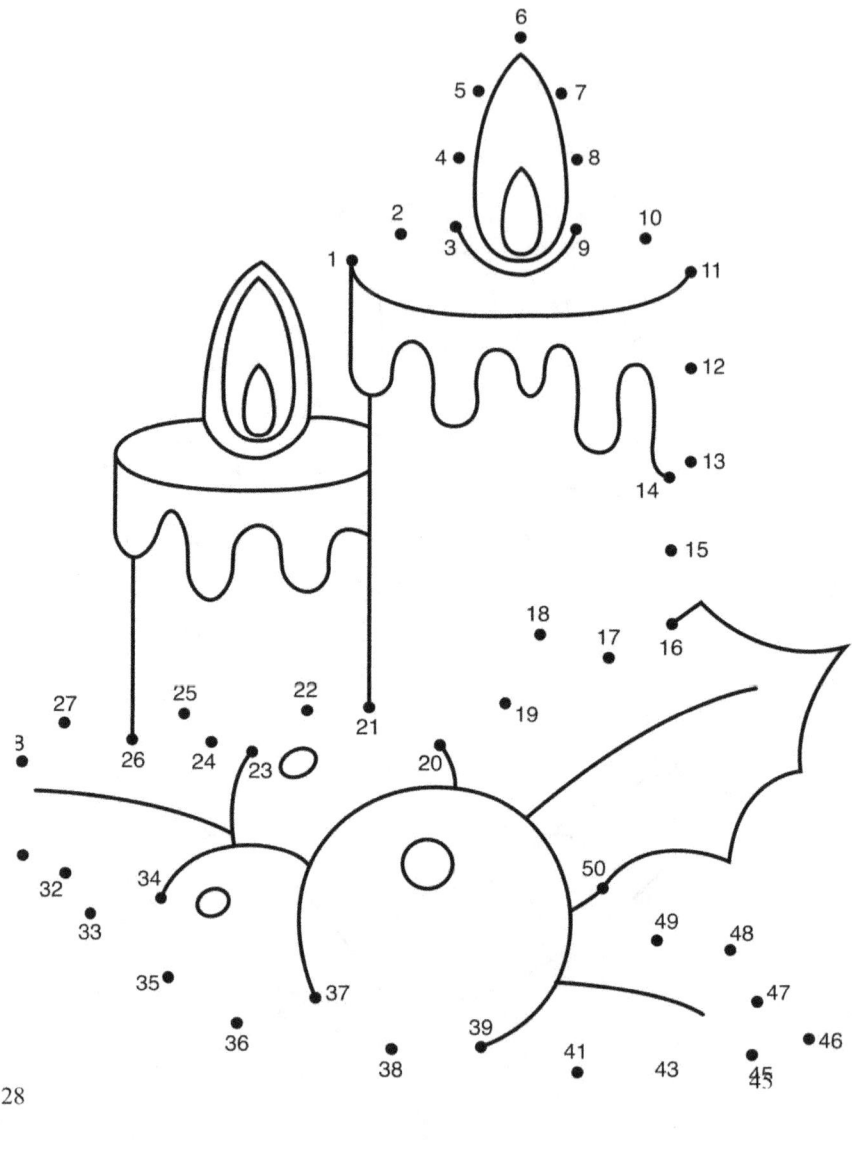

Page 6

Tic-Tac-Toe

In pairs, takes turns writing X and O. Try to get 3 in a row.

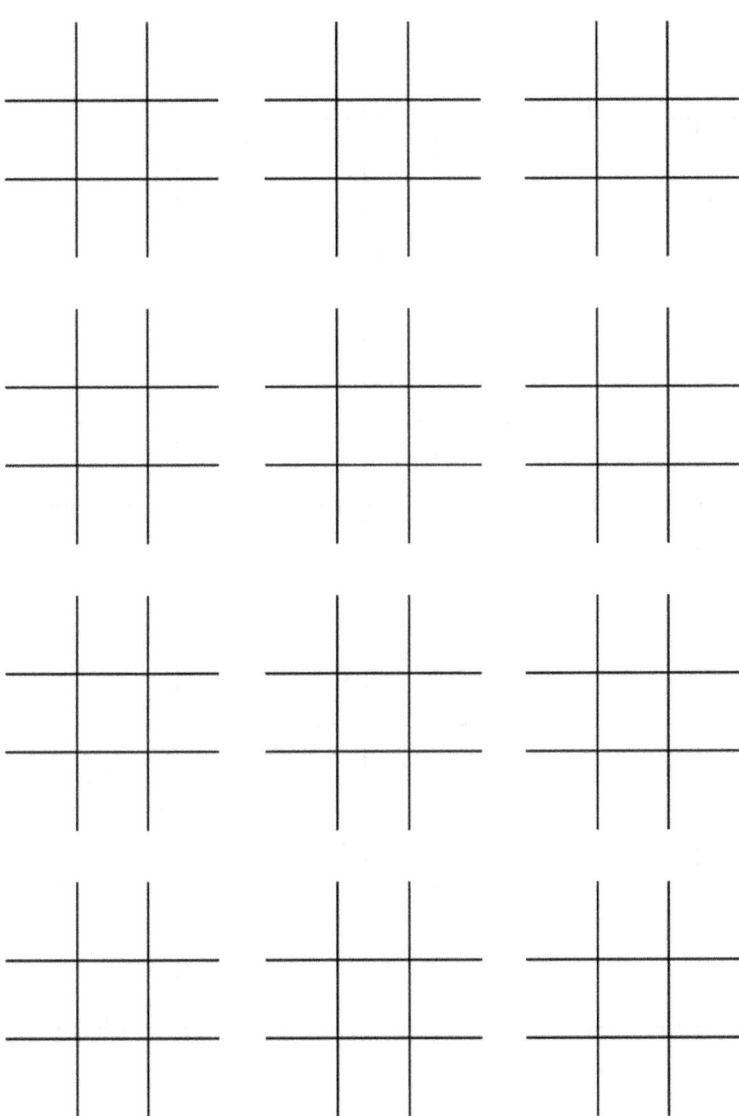

Tic-Tac-Toe

In pairs, takes turns writing X and O. Try to get 3 in a row.

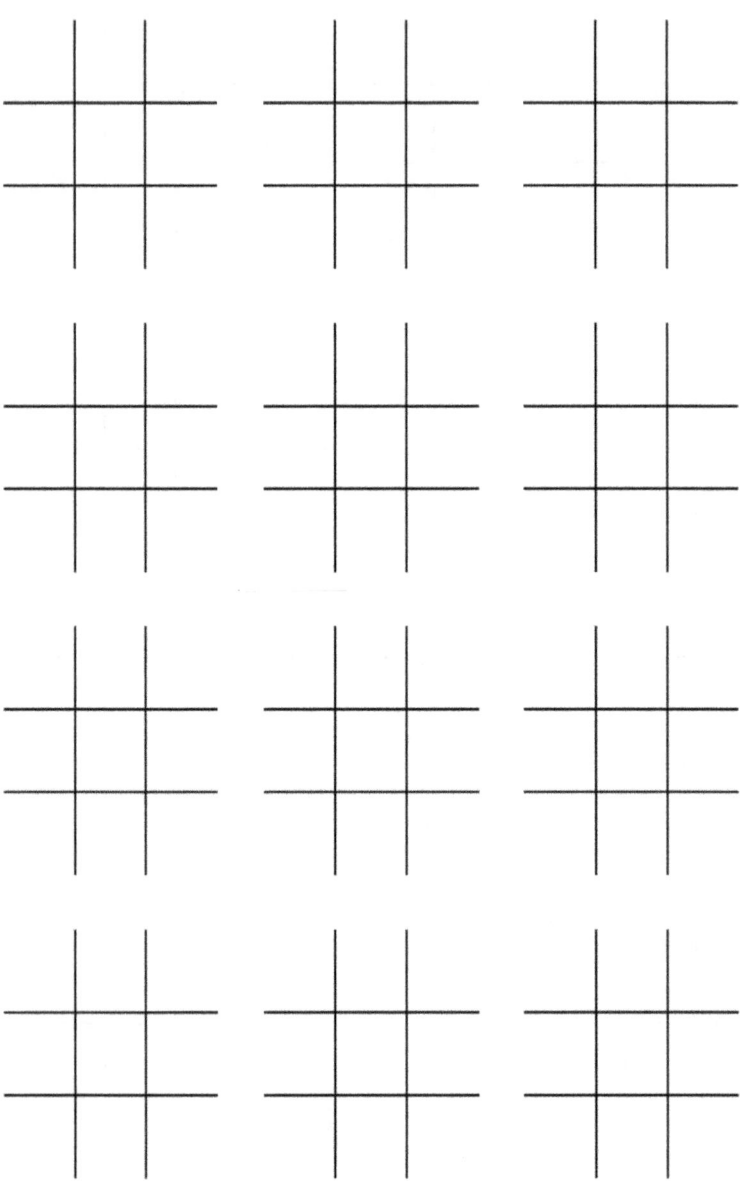

Help Santa through the maze.

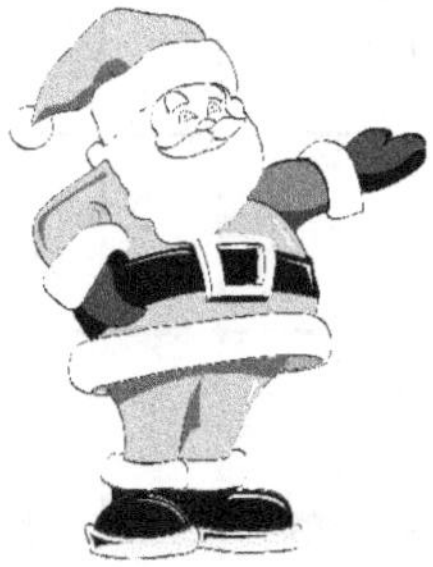

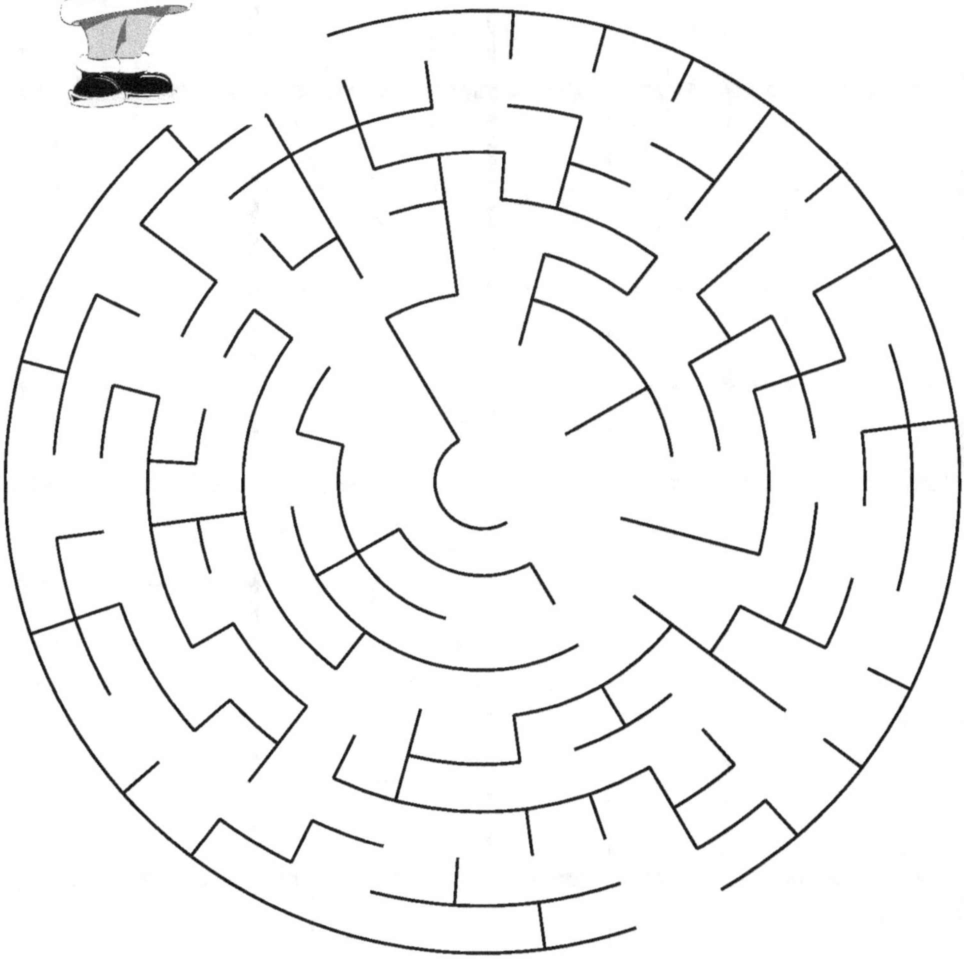

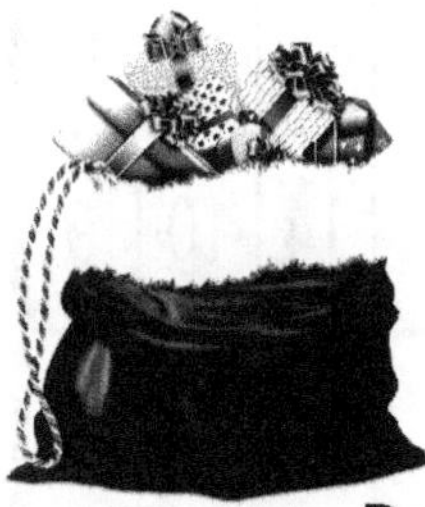

		11			15			12	2	13	3	16	6	4	5
		13	12			10					6	15	7		
	4		2	3	1				8	7				13	10
	5		10	9		7	13	14				2		8	
	9				2		11	5	15	12			3	7	14
11	12	1		13		16				3	14			10	
4	15				14		1			11	16	13		2	8
	2	8	14			3		1			13	4	11	16	12
	6	9				2	4	13	11		7		5		15
5			2	13	9			8	3			6		11	16
			1		5				14	4			2		7
16		14		3		8			6	5		10	1	12	
	13								5	8					
2			15	8		4	10	3			9	12			
	14	10	9			5				2		11	16		
	16				1	13		4			10	14			9

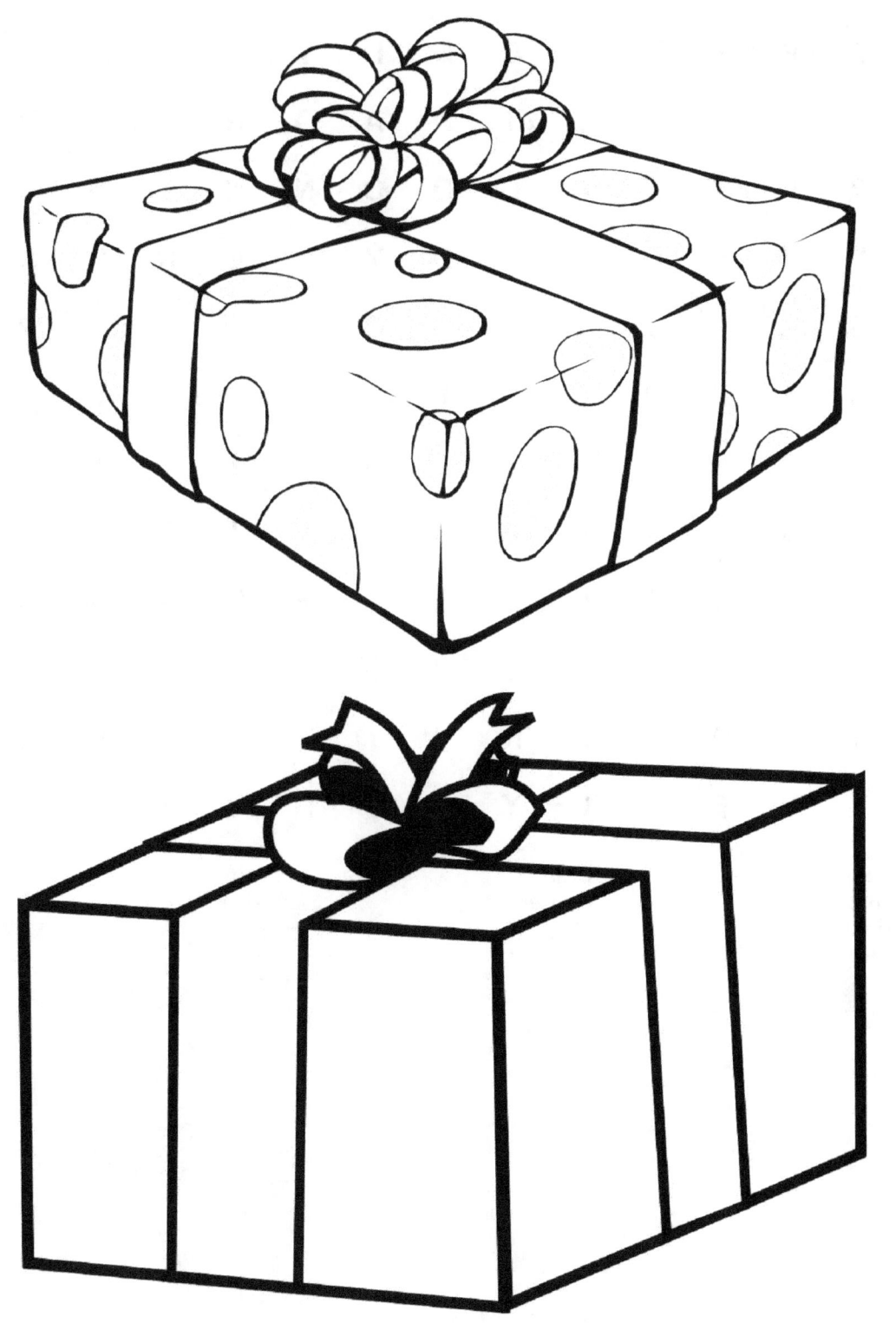

```
V Y S T O C K I N G V E B
P R N I V C D D Y R I D X
N B N F Y J D A O G X A H
R P Y C C C Q O N N E S J
Y V L G O T O Y H C N H A
S X T J Y A E O I O E E P
N F P B E L L Q K M P R R
W O G D N T F Q Z I I K A
E U T R E E R K A T E S N
V Q L L U P H T F U M W C
J E V V X V N O P Y I B E
Y P O V S N Y J Y P L O R
Z V F M U Y B J H V K Y X
```

bell
cookie
donner
pie
toy

coal
dancer
elf
prancer
tree

comit
dasher
milk
stocking
vixen

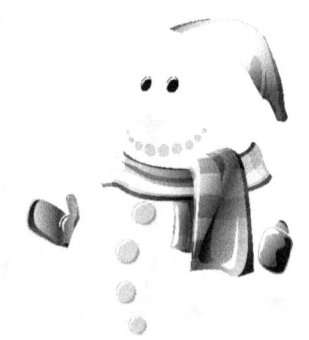

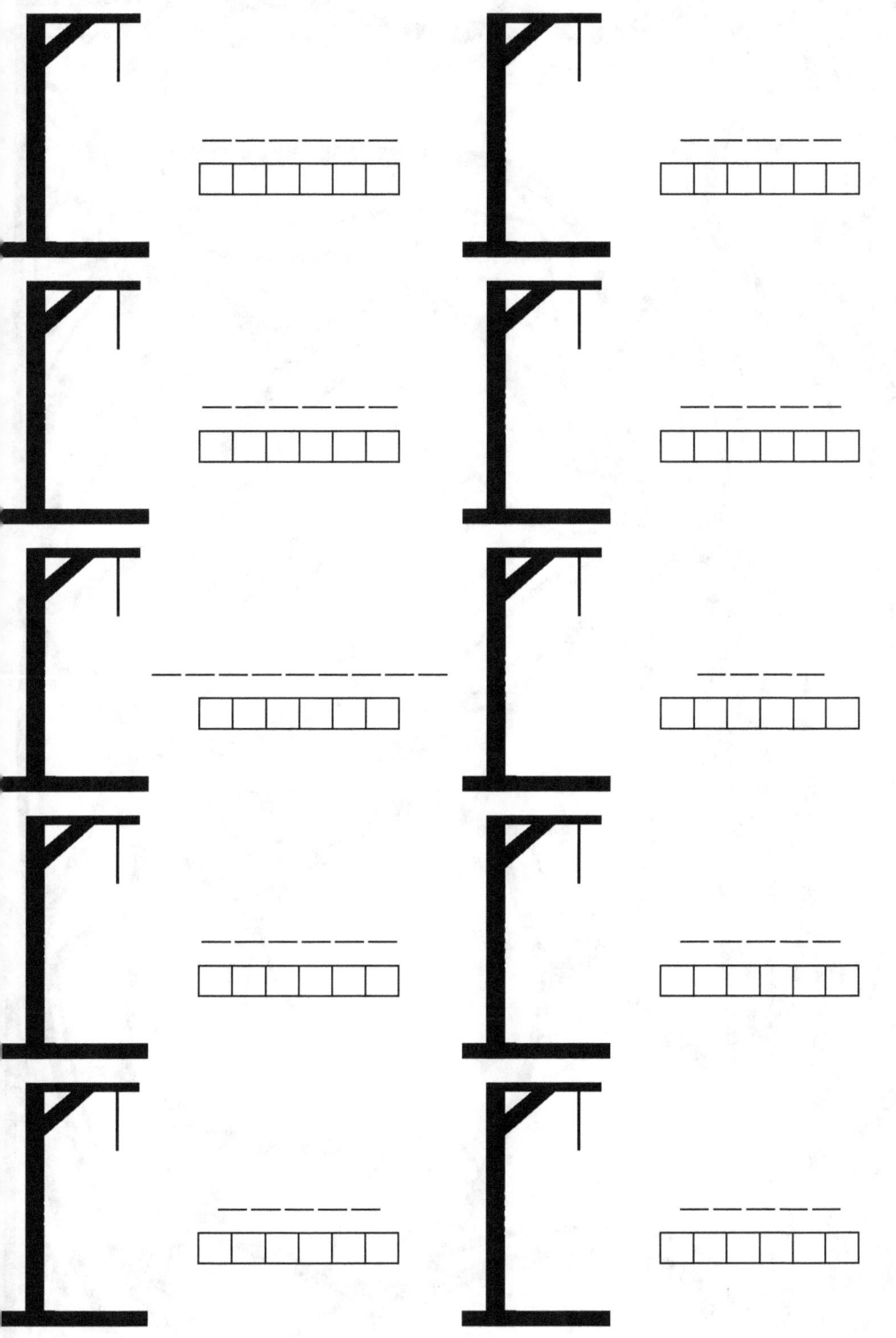

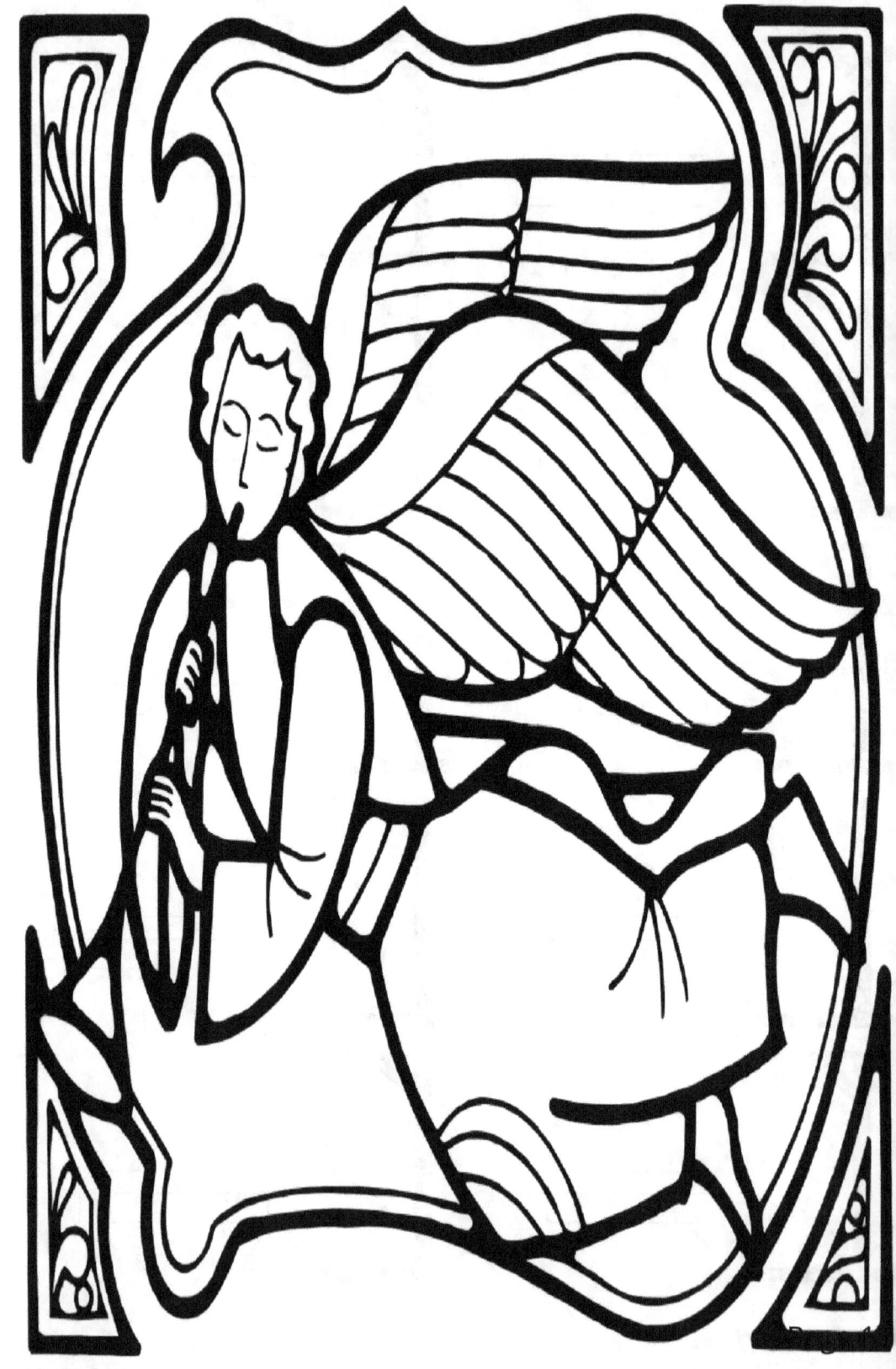

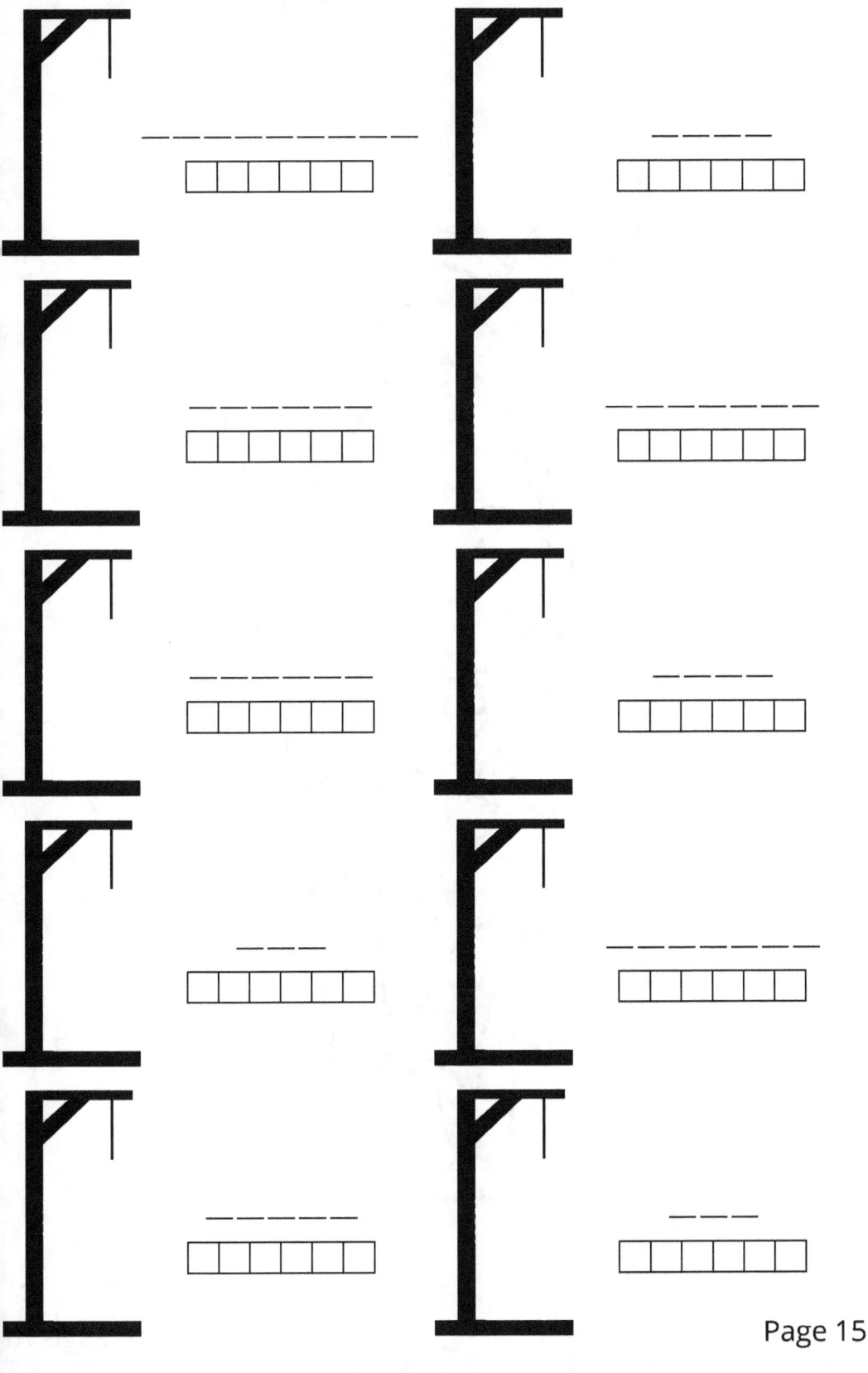

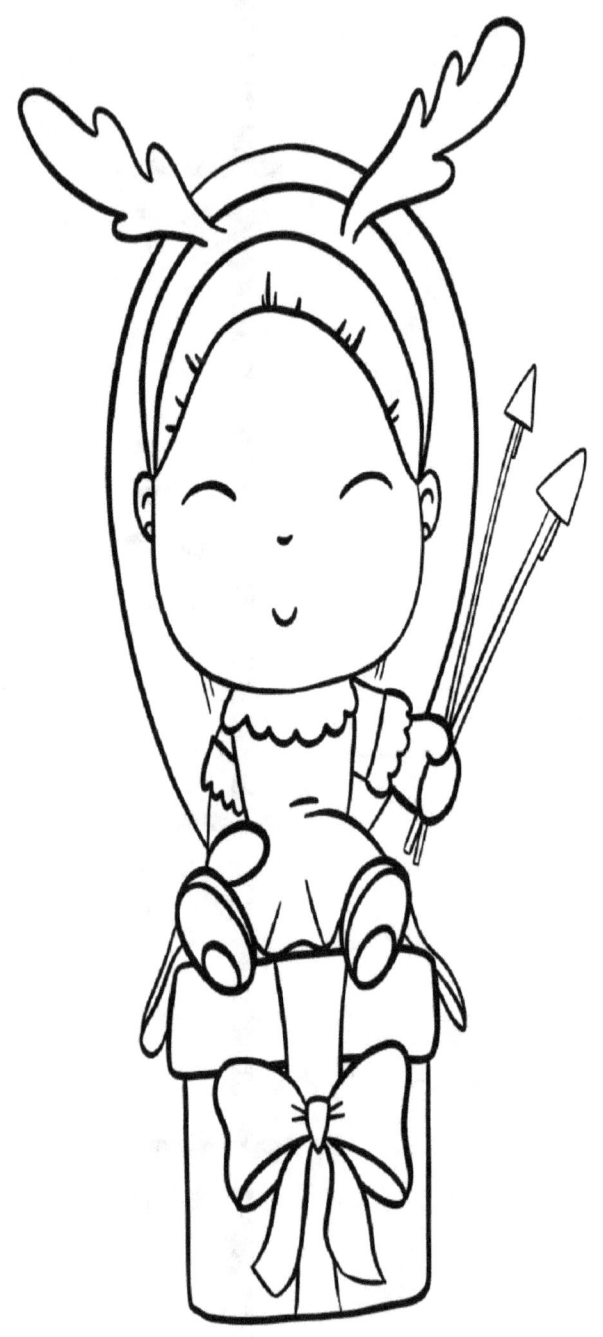

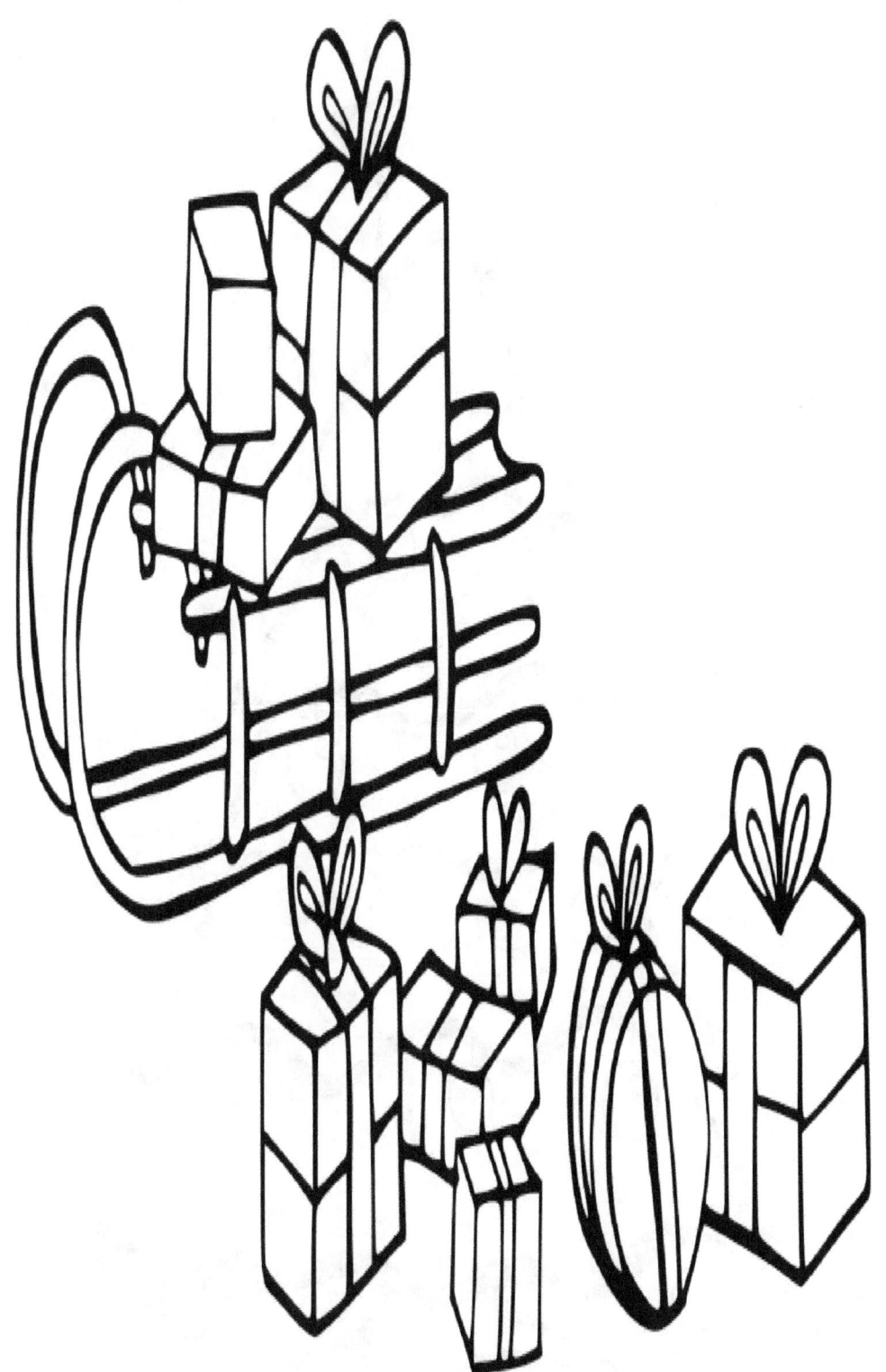

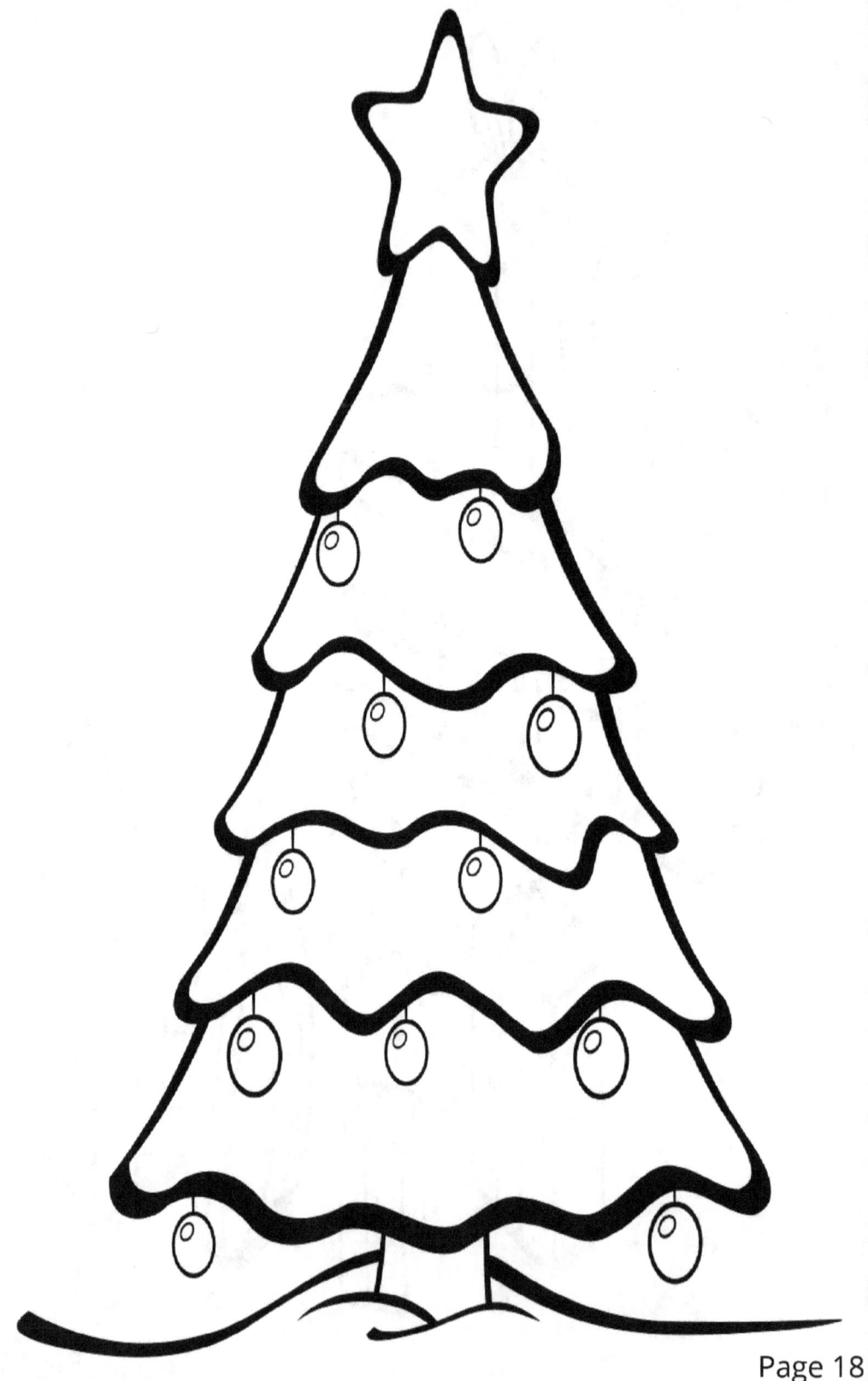

1		9	8		16	11				14	5	12			
	14			15		5		9	16			2		11	3
5		15	3		10							9	16	4	14
			4			9	12		3			13		7	5
	10						15	5	9	11	14	3		8	
	7		2	13			1	10	8					14	12
	8								2			11			
		11	15	12					4			10	9	1	16
4	6			2											
	15			9			10			1		7	13		
2	12		14		7	13	6		11				10		9
	9				4	3	8	12	10						15
15	16	3			2		9			8	11				
				11	8				12		2		3		7
8	5	12						3							2
6			7		3	14		13	15	5	9				1

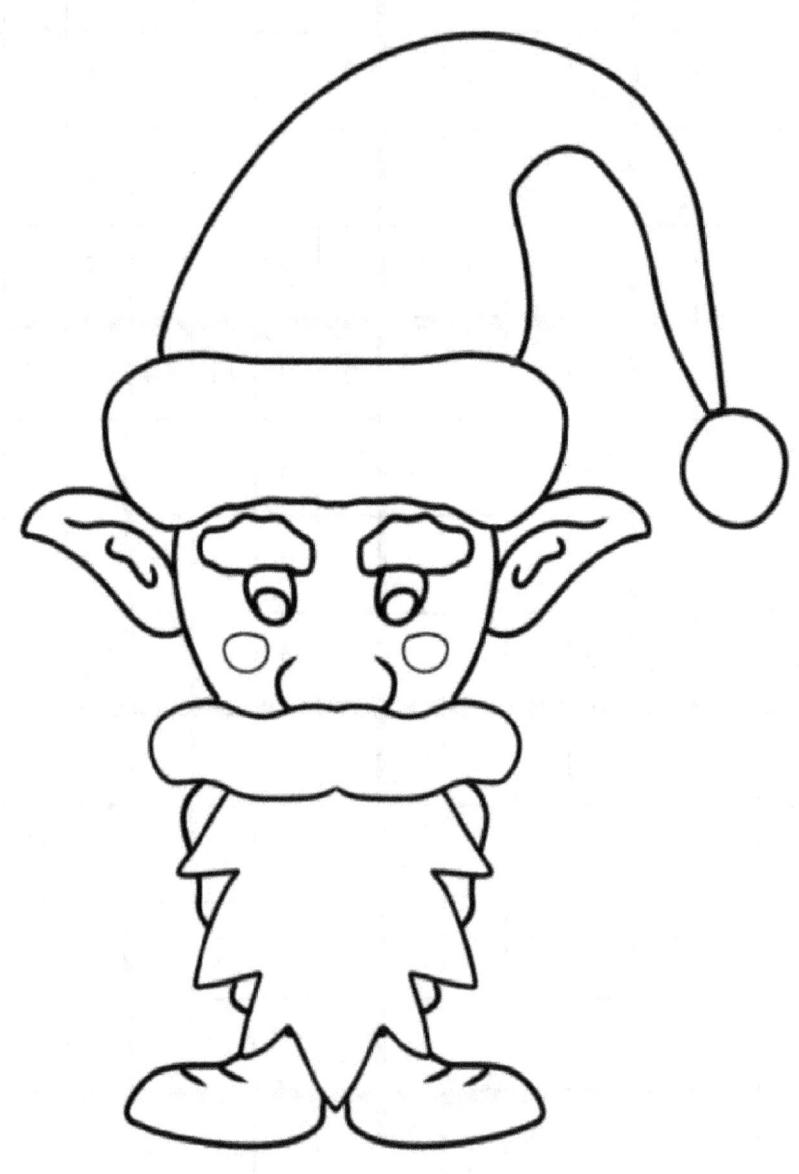

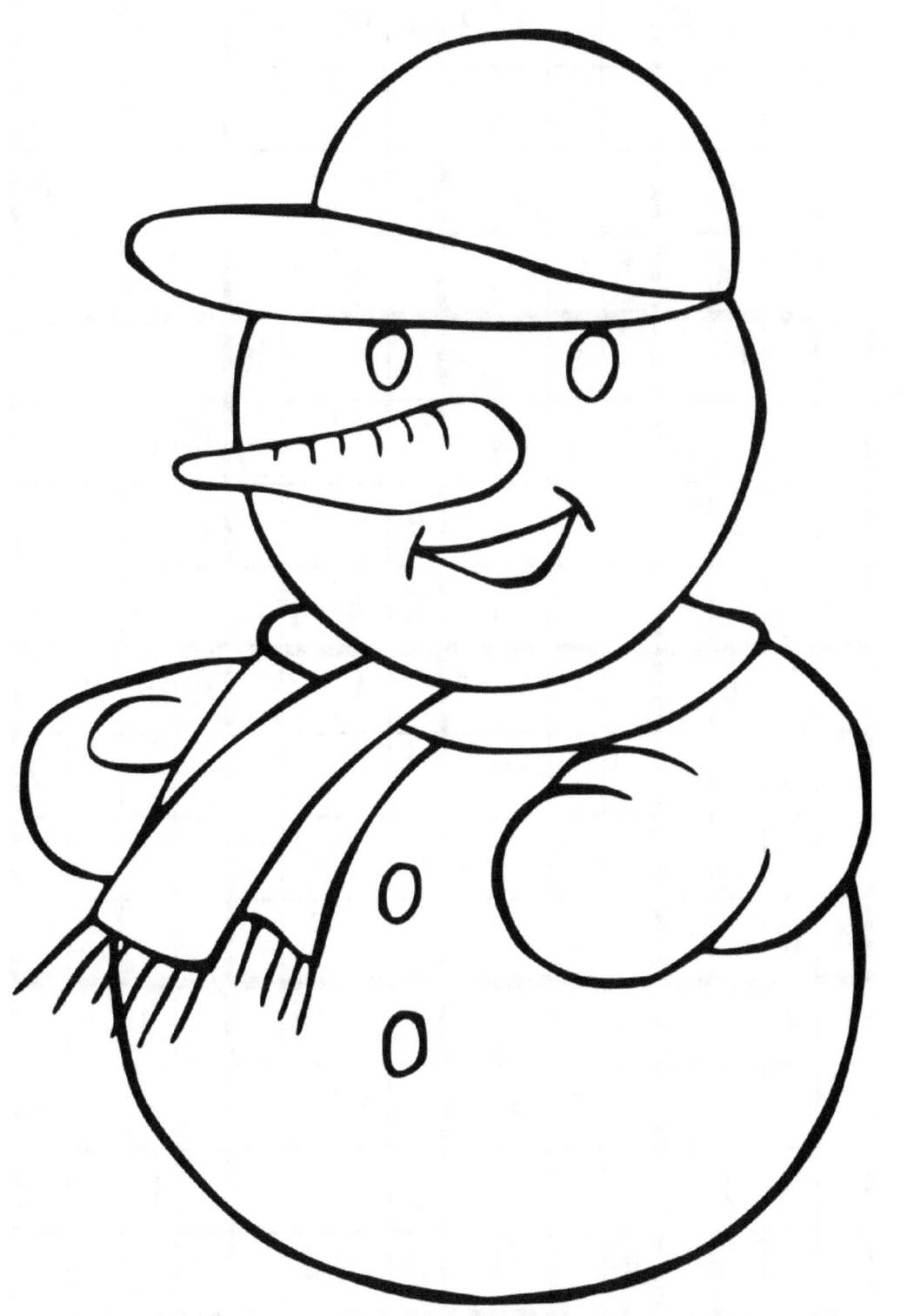

15		12	10			3	2	1	13		9	6	14	4	
		1	5		15					11			16		10
	6	4				5			14		7	1		15	13
8	9			1	11				16	12			3		
		15			9						16				
		14	12	3	2	6						16	11		15
6	2	3						9	5			14	12		
13	11	9						12	15		14	8	7		2
		16			6		12	14	4			10	5	11	
	10						3	16							12
5			13		14		16	10			12	3	2		6
4	12				5			7						16	
	16	6		15				5	1	10			9		8
					7	14	11		8						3
	14	10		6		1			9		4		15	2	
		2		9				11		14		4			

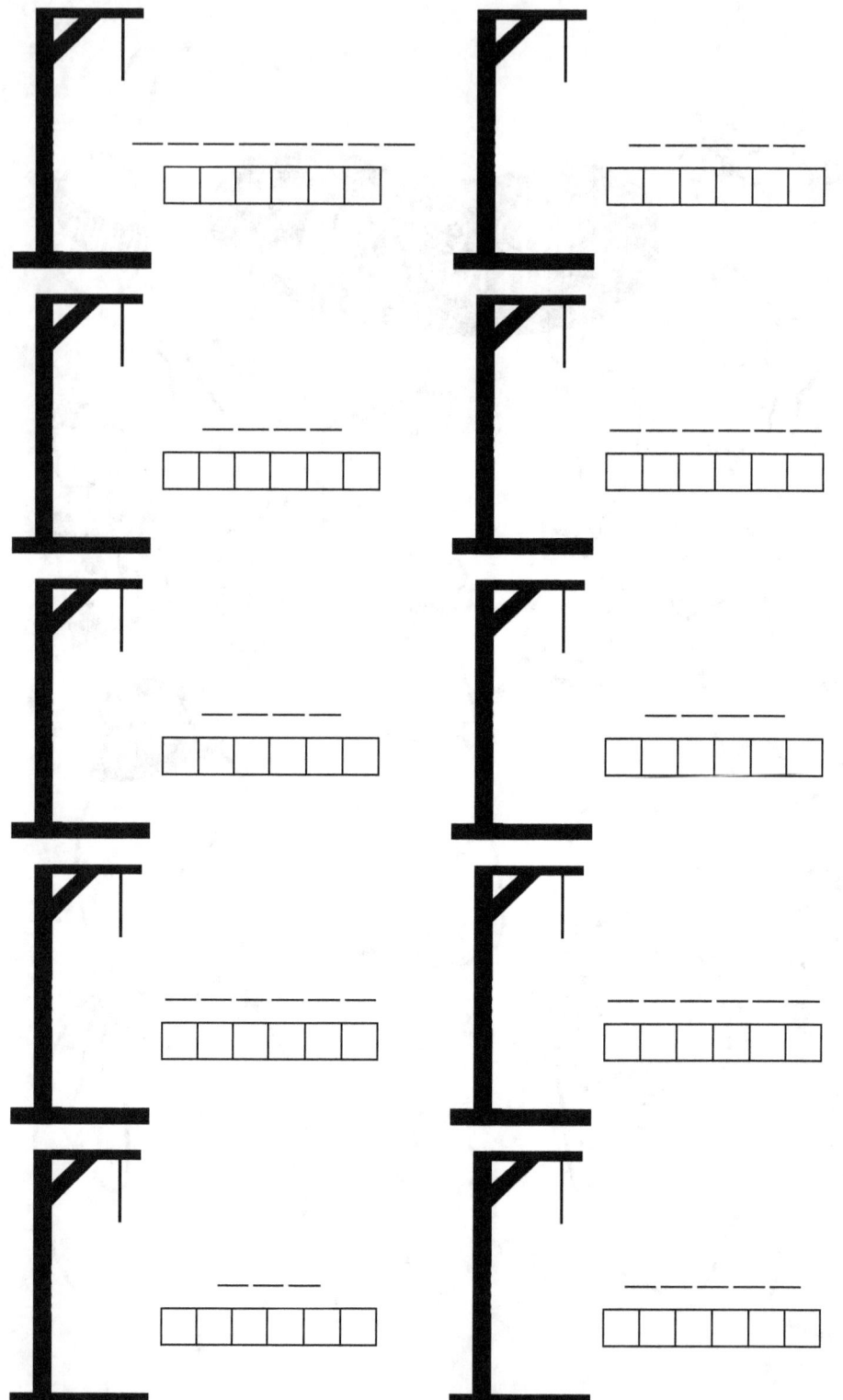

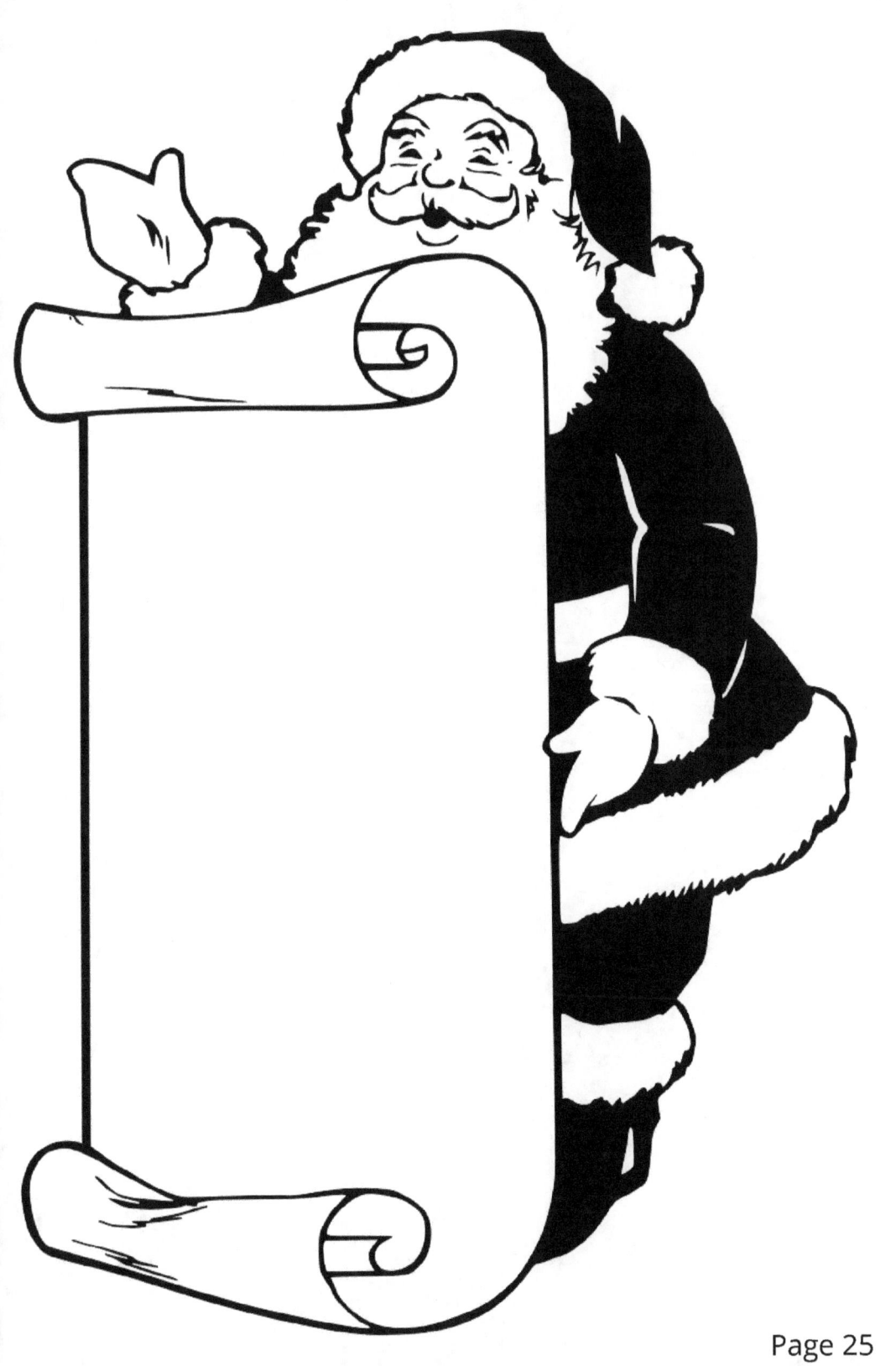

www.ingramcontent.com/pod-product-compliance
Lightning Source LLC
Chambersburg PA
CBHW050329220526
45465CB00005B/2194